RUSSLANDS KRIEG GEGEN DIE UKRAINE. HISTORISCHE HINTERGRÜNDE

**VORTRAG VON ANDREAS KAPPELER
IN DER FEIERLICHEN SITZUNG DER
ÖSTERREICHISCHEN AKADEMIE DER WISSENSCHAFTEN
AM 13. MAI 2022**

ÖAW

VORWORT

Am Morgen des 24. Februar 2022 war die Welt geschockt. Der russische Präsident Vladimir Putin hatte tatsächlich einen Krieg gegen die Ukraine befohlen, den er als „Spezialoperation" gegen angeblich neonazistische Kräfte in der Ukraine zu tarnen versuchte. Obwohl der Aufmarsch der russischen Armee an der Nord-, Ost- und Südgrenze der Ukraine bereits über den Winter im Gange war und obwohl Putin mehrmals sein imperialistisches Ziel der Ausdehnung des russischen Einflusses bis an die deutsch-polnische Oder-Neiße-Grenze öffentlich kundgetan hatte, wollten es vor allem die West- und Mitteleuropäer/innen nicht glauben, dass ein militärischer Überfall Russlands auf ein ostslawisches „Brudervolk" möglich wäre.

Viele politische, militärische, ökonomische und ideologische Analytiker/-innen fragten sich, was die Motive des russischen Präsidenten und seines Umfelds für ein derart beispielloses militärisches Vorgehen 77 Jahre nach Ende des Zweiten Weltkrieges sein könnten: ein Wiederbeleben des russischen und sowjetischen Imperialismus? Angst vor einer weiteren Demokratisierung der Ukraine und vor ihrer fortgesetzten Annäherung an den Westen? Die Sorge vor einem zunehmenden wirtschaftlichen Rückfall Russlands und vor steigender Unruhe in der russischen Bevölkerung? Angst vor einem weiteren Vorrücken der NATO Richtung Osten? Das Ausnützen einer vermeintlichen Schwächeperiode in führenden westlichen Staaten?

Ich freue mich, dass das Präsidium der ÖAW den besten Fachmann unter den deutschsprachigen Osteuropa-Historikerinnen und -Historikern gewinnen konnte, die geschichtlichen Hintergründe des aktuellen Konfliktes zu beleuchten. Der emeritierte ordentliche Universitätsprofessor Dr. Andreas Kappeler ist gebürtiger Schweizer, lehrte als Ordinarius an den Universitäten zu Köln und Wien und ist seit 1999 Mitglied der Österreichischen Akademie der Wissenschaften.

Der vorliegende Text beruht auf dem Festvortrag von Professor Kappeler in der Feierlichen Sitzung der Österreichischen Akademie der Wissenschaften am 13. Mai 2022 anlässlich ihres 175-jährigen Bestehens.

Anton Zeilinger
Präsident der ÖAW

RUSSLANDS KRIEG GEGEN DIE UKRAINE. HISTORISCHE HINTERGRÜNDE

ANDREAS KAPPELER

„[…] behandle ich dann das kleinrussische, das auf dem gebiet der wissenschaft, wie die untersuchung selbst darthut, als eine selbstständige sprache und nicht als ein dialect des grossrussischen anzusehen ist."

Das ist ein Zitat aus dem ersten Band der „Vergleichenden Grammatik der slavischen Sprachen" des steirischen Slowenen Franz Miklosich (1813–1891). Das Buch erschien 1852, fünf Jahre nach Begründung der Kaiserlichen Akademie in Wien, deren 175. Jubiläum wir heute feiern. Miklosich, der seit 1848 korrespondierendes und seit 1851 wirkliches Mitglied der Akademie war, stellte unmissverständlich fest, dass das Kleinrussische oder Ukrainische eine eigene Sprache ist. Seither hat der bedeutende österreichische Sprachwissenschaftler im kulturellen Gedächtnis der Ukraine einen Ehrenplatz.

Sein Befund war damals und auch in den folgenden eineinhalb Jahrhunderten alles andere als selbstverständlich.

„Eine eigene kleinrussische Sprache hat es nie gegeben, gibt es jetzt nicht und wird es nie geben. Der Dialekt, den das einfache Volk verwendet, ist russisch, nur verdorben durch den Einfluss Polens […] Die sogenannte ukrainische Sprache ist von einigen Kleinrussen und besonders von Polen erfunden worden."

Dies schrieb im Jahr 1863 der russische Innenminister Petr Valuev in einem Zirkular, das den Druck ukrainischsprachiger Schriften, mit Ausnahme der schönen Literatur, ebenso wie den Schulunterricht in ukrainischer Sprache im Zarenreich untersagte. Im Jahr 1876 wurde dieses Verbot noch einmal verschärft.

Die Polen, die sich im Jänner 1863 gegen Russland erhoben hatten, werden hier als Drahtzieher der Erfindung einer ukrainischen Sprache und Nation hingestellt – eine Verschwörungstheorie, der weitere folgen sollten. Der Erlass von 1863 war auch eine Reaktion auf die verstärkten kulturellen und erstmals auch politischen Aktivitäten der ukrainischen Nationalbewegung. Die Zarenregierung war alarmiert und befürchtete einen Abfall der „Kleinrussen" vom sogenannten all-russischen Volk, das Russen, Kleinrussen und Belarussen umfasste.

Auch die gebildete russische Gesellschaft reagierte heftig. So verkündete der konservative Slawophile Ivan Aksakov (1823–1886):

„Kleinrussland, Weißrussland, Großrussland – sie sind ein Körper, etwas Ganzes und Unteilbares – und eines vom anderen wegzureißen, bedeutet das Gleiche, wie einen Körper in seine Bestandteile zu zerstückeln. Kiew abzuschneiden, würde bedeuten, in einen lebenden Körper zu schneiden."

Fünfzig Jahre später warnte der liberale Politiker Petr Struve (1870–1944):

„Wenn die ukrainische Idee […] das Volk mit ihrem ‚Ukrainertum' ansteckt, wird dies zu einer gigantischen und präzedenzlosen Spaltung der russischen Nation führen, die […] mit einem wahren Desaster für Staat und Volk enden wird."

Solche Zeugnisse von Russen aller politischen Richtungen gaben den Ton an für das Verhältnis Russlands, der russischen Politik und der russischen Gesellschaft zur Ukraine. Einerseits wird die Ukraine nicht als eigenständig und gleichberechtigt anerkannt, andererseits befürchtet man ihren Abfall vom russischen Volk und Staat. Obwohl die Ukrainer in der Sowjetunion als Nation anerkannt wurden, änderte sich diese Einstellung bis zur Gegenwart nicht. Sie ist ein Schlüssel zum Verständnis der russisch-ukrainischen Beziehungen bis hin zum gegenwärtigen Krieg.

Man kann dieses Verhältnis mit dem Bild der patriarchalischen Familie zu fassen versuchen. Russen und Ukrainer sind nahe Verwandte, in Sprache, Konfession, Kultur und Geschichte. Auf individueller Ebene gab es bis zum Beginn des russisch-ukrainischen Krieges vor acht Jahren kaum interethnische Konflikte, sondern ein im Ganzen friedliches Zusammenleben. Die Formel der „Brudervölker" war nicht nur ein Produkt der sowjetischen Propaganda, sondern wurde von weiten Teilen der russischen und ukrainischen Gesellschaft geteilt. Vladimir Putin bekannte noch im Sommer 2013 seine Liebe zum ukrainischen Volk, zur ukrainischen Sprache und Kultur.

Allerdings schafft die enge Verwandtschaft auch Probleme. Die Russen verstehen sich als der „große" oder „ältere Bruder", der seine kleine Schwester Ukraine beaufsichtigt, bevormundet und von ihr Gehorsam verlangt. Wenn sich die Schwester zur Wehr setzt oder sich gar anschickt, der Familie den Rücken zu kehren und andere Beziehungen einzugehen, reagiert der große Bruder heftig. So schon zu Beginn des 18. Jahrhunderts, als der Kosakenhetman Mazepa von Peter I. zum schwedischen König Karl XII. überlief, worauf Russland mit Repressalien antwortete – die Ukrainer werden in Russland gerade heute wieder als Mazepisten, als potentielle Verräter, bezeichnet.

Vladimir Putin führt den brutalen Krieg gegen die Ukrainer, um sie dafür zu bestrafen, dass sie das russische Brudervolk, zu dem sie seiner Meinung nach seit jeher gehören, verraten haben und mit den Feinden Russlands gemeinsame Sache machen. Und er will die abtrünnige Schwester mit Gewalt in die russische Familie zurückholen.

Als die Sowjetunion im Jahr 1991 kollabierte und die Ukraine zum unabhängigen Staat wurde, reagierten viele Russen ablehnend. Unter ihnen waren zwei berühmte Schriftsteller und Nobelpreisträger, die beide aus der Sowjetunion vertrieben worden waren.

Alexander Solschenizyn träumte schon 1990 von einem russischen Nationalstaat, der die Ukraine mit umfassen sollte.

Iosif Brodskij beschimpfte zwei Jahre später die Ukrainer in einem sarkastischen Gedicht mit dem Titel „Auf die Unabhängigkeit der Ukraine" in derben Worten. Er greift Verschwörungstheorien auf und behauptet, dass die Polen und Deutschen die Ukrainer zum Verrat an Russland angetrieben hätten, genauso wie schon die Schweden im 18. Jahrhundert. Die Ukrainer, so Brodskij, „haben keine eigene Kultur und haben die Nabelschnur zur großen russischen Kultur durchtrennt".

Dass auch die führenden russischen Politiker negativ auf die Entstehung des ukrainischen Staates reagierten, verwundert nicht.

„Es ist unmöglich, aus unseren Herzen zu reißen, dass die Ukrainer unser eigenes Volk sind", so Boris El'cyn (Jelzin). Einige schreckten vor Drohungen nicht zurück. Der damalige Außenminister Andrej Kozyrev, der als Reformer galt, schloss nicht aus, dass militärische Gewalt notwendig sein könnte, um die in der Ukraine und in den baltischen Staaten lebenden Russen zu schützen.

Von hier führt eine direkte Linie zu Vladimir Putin.

Eine Analyse der historischen Hintergründe von Russlands Angriffskrieg gegen die Ukraine kommt nicht am Präsidenten Russlands vorbei. Er ist seit mehr als zwei Jahrzehnten der entscheidende Akteur, und er hat sich in Schriften und Ansprachen wiederholt zur Geschichte der russisch-ukrainischen Beziehungen geäußert. Zu nennen ist schon seine Rede vom 18. März 2014 anlässlich der Annexion der Krim, in der er dem Westen und den sogenannten Neonazis in Kyiv offen drohte. Am 21. Februar 2022 hielt er eine fast einstündige Ansprache, am 24. Februar folgte die Kriegserklärung. Bemerkenswert ist auch sein mehr als 20 Seiten umfassender Aufsatz „Über die historische Einheit der Russen und Ukrainer" vom Juli 2021.

Dass ein Staatschef seine Politik mit einer historischen Abhandlung rechtfertigt, ist ungewöhnlich. Putin glaubt an die Macht der Geschichte und sieht sich als Geschichtsvollzieher, der die Mission hat, historische Fehlentwicklungen zu korrigieren. Solche Betriebsunfälle der Geschichte waren in seinen Augen, erstens, der Untergang der Sowjetunion, zweitens, die Erfindung der ukrainischen Nation und, drittens, die willkürlich gezogenen Grenzen der Ukraine.

Im April 2005 bezeichnete Putin den Zusammenbruch der Sowjetunion als „größte geopolitische Katastrophe des 20. Jahrhunderts". Er ist in der späten Sowjetunion sozialisiert worden und hat als Offizier des Geheimdienstes der zweiten Weltmacht gedient. Deren Untergang löste bei ihm (und bei vielen anderen Russinnen und Russen) ein postimperiales Trauma aus. In seiner Rede vom 21. Februar sprach er von der Mitgift, die das Land nicht nur aus sowjetischer Zeit, sondern bereits vom Russländischen Reich erhalten habe und die jetzt leichtfertig verschleudert werde.

Die Resowjetisierung zeigt sich in der inneren Entwicklung Russlands hin zu einem militarisierten autokratischen Polizeistaat. Noch deutlicher ist das sowjetische Erbe in der revisionistischen Außenpolitik. Putin setzt sich zum Ziel, Russland – in der Nachfolge der Sowjetunion und des Zarenreiches – wieder zur Großmacht zu machen.

In seiner Kriegserklärung vom 24. Februar wirft er den USA und der NATO vor, den Zerfall der Sowjetunion zur Schwächung Russlands genutzt, die NATO bis an die Grenzen Russlands ausgedehnt und damit die Sicherheitsinteressen Russlands missachtet zu haben. Aus der Kriegserklärung spricht ein Gefühl der Kränkung durch die Supermacht USA:

„Woher diese verächtliche, abschätzige Haltung gegenüber unseren Interessen und vollkommen legitimen Forderungen?"

Kränkend war schon eine provokante Äußerung des US-amerikanischen Präsidenten Barack Obama, der Russland 2014 als Regionalmacht bezeichnete. Putin ist nachtragend und vergisst Kränkungen nicht.

Es ist hier nicht der Ort, die Politik der USA und anderer Mächte gegenüber dem postsowjetischen Russland zu analysieren. Man muss einräumen, dass der Westen Russland damals voreilig abgeschrieben, die Bedeutung des postimperialen Traumas unterschätzt und mit dem geschwächten Russland nicht immer auf Augenhöhe verhandelt hat. Dies kann den Angriffskrieg nicht rechtfertigen, gehört aber zu seinen historischen Hintergründen.

Der Krieg gegen die Ukraine ist laut Putin die legitime Verteidigung gegen die Bedrohung von außen. Die Obsession, dass Russland von Feinden umgeben sei, kann auf eine lange Tradition von Bedrohungsängsten

zurückgreifen, vom Mittelalter über Napoleons Russlandfeldzug bis zum Überfall durch das nationalsozialistische Deutschland. Daran knüpft Russland an, wenn es seinen Krieg gegen die sogenannten ukrainischen Nazis als Fortsetzung des „Großen Vaterländischen Krieges" inszeniert. Dies trat an den Feiern zum Tag des Sieges am 9. Mai besonders deutlich hervor.

Die vermeintliche Bedrohung durch den Westen zwinge zur Aufrüstung. Auf dem fast vier Meter hohen Denkmal des von ihm verehrten reaktionären Zaren Alexander III., das Putin vor fünf Jahren nicht zufällig auf der Krim enthüllte, steht dessen Ausspruch: „Russland hat nur zwei Verbündete – seine Armee und seine Flotte."

Russland erhebt offen Anspruch auf Hegemonie über das Territorium der ehemaligen Sowjetunion. Im sowjetischen Imperium kam der Ukraine, der bevölkerungsmäßig nach Russland zweitgrößten Republik, geostrategisch und wirtschaftlich eine Schlüsselrolle zu. „Ohne die Ukraine hört Russland auf, ein eurasisches Imperium zu sein", meinte der US-amerikanische Politikwissenschaftler und ehemalige Präsidentenberater Zbigniew Brzezinski 1997.

Die Unabhängigkeit der Ukraine gefährdet demnach die Großmachtstellung Russlands. Als sich die Ukraine seit 2004 nach Westen zu orientieren begann und gleichzeitig die Osterweiterung von NATO und EU voranschritt, verstärkte sich deshalb die antiukrainische Propaganda russischer Politiker und Medien.

Putin betrachtet die Ukraine nicht nur als zweitrangig, sondern geht so weit, die Existenz einer eigenständigen ukrainischen Nation und eines lebensfähigen Staates zu bestreiten. Schon 2008 erklärte er dem US-amerikanischen Präsidenten George W. Bush, dass die Ukraine „kein richtiger Staat" sei. Putin ist davon überzeugt, dass „Russen und Ukrainer ein Volk" sind, und bezeichnet eine Trennung der Ukraine von Russland, wie seine Vorgänger im 19. Jahrhundert, als großes Unglück.

Ein Ausscheiden der Ukraine aus der Einflusssphäre Russlands läuft also nicht nur dessen Großmachtinteressen zuwider, sondern trifft direkt die russische Nation.

Ein Volk sind Russen und Ukrainer aus dieser Perspektive, weil sie sich in Sprache, Religion und Geschichte nahestehen. Putin übersieht, dass sich die Ukrainer zunehmend als politische Nation, als Willensnation, die mehrere ethnische und sprachliche Gruppen umfasst, verstehen. Deshalb ist er überrascht worden, als die russischsprachigen Ukrainer die eingefallenen russischen Truppen nicht begeistert begrüßten, sondern im Gegenteil erbitterten Widerstand leisteten.

In seinen historischen Ausführungen taucht der Name Ukrainer vor dem 20. Jahrhundert nicht auf, sondern es ist pauschal von Russen die Rede. Die Entstehung einer ukrainischen Proto-Nation im 17. Jahrhundert und die Nationalbewegung des 19. und frühen 20. Jahrhunderts blendet er ebenso aus wie die unabhängige Ukrainische Volksrepublik der Jahre 1918 bis 1921. Die „Missgeburtsstunde" der ukrainischen Nation datiert Putin auf die frühe Sowjetzeit, als die Bolschewiki die Ukrainer als Nation anerkannten und ihnen eine eigene Republik zusprachen. Lenin war laut Putin Erfinder und Architekt der ukrainischen Nation und verriet damit die Interessen Russlands und des russischen Volkes. Stalin, der damals für die Nationalitäten zuständig war, wird (nicht zufällig) nur am Rande erwähnt. Diesen schwerwiegenden historischen Fehler will Putin korrigieren, indem er die ukrainische Nation schwächt oder gar auslöscht.

Putin wirft der Sowjetführung außerdem vor, die Grenzen der Ukraine willkürlich zu Ungunsten Russlands gezogen zu haben. Die Souveränität der Sowjetrepubliken stand zwar im zentralisierten, von der Kommunistischen Partei gelenkten Sowjetstaat nur auf dem Papier. Sie wurde erst relevant, als sich die 15 Sowjetrepubliken 1991 automatisch zu unabhängigen Staaten erklärten. Ihre Grenzen waren zum großen Teil identisch mit denen, die 70 Jahre zuvor gezogen worden waren. Die wichtigste Ausnahme ist die Krim, die erst 1954 in die Ukrainische Republik eingegliedert wurde.

Das führte dazu, dass nach dem Zusammenbruch der Sowjetunion etwa acht Millionen ethnischer Russen in der Ukraine, also außerhalb Russlands, lebten. Diese für ihn schockierende neue Realität greift Putin immer wieder auf und nutzt sie als Hebel für seine aggressive Ukrainepolitik. Russland muss seine „Landsleute", wie er sie nennt, vor der Verfolgung durch die Kyiver „Nazis" schützen, die sie angeblich zwangsassimilieren und damit einen Genozid begehen. Dieser nicht nur imperiale, sondern auch ethnonationale Revisionismus erinnert fatal an die revisionistische Politik Deutschlands und anderer Staaten in der Zwischenkriegszeit.

Die Kritik an der Grenzziehung bezieht sich auf die Gebiete im Süden und Südosten der Ukraine, die im Zarenreich als „Neurussland" bezeichnet wurden.

Ich zitiere Putins Rede von 2014:

„Ich benutze die Terminologie des Zarenreiches und will damit ausdrücken, dass dieses Gebiet nicht Ukraine ist, sondern Neurussland. Charkov, Doneck, Lugansk, Cherson, Nikolaev, Odessa – sie gehörten in zarischer Zeit nicht zur Ukraine. All diese Gebiete wurden ihr von der Sowjetregierung erst in den Zwanzigerjahren übergeben. Weshalb sie dies tat, das weiß allein Gott."

Das im Jahr 2014 lancierte Projekt Neurussland wird heute wieder aufgenommen. Die von Putin genannten Städte stehen täglich in den Schlagzeilen. Der Großangriff auf den Donbass und die gesamte Südukraine soll die angeblich willkürliche Grenzziehung korrigieren und eine Teilung der Ukraine in die Wege leiten.

Putins historische Abhandlung folgt dem russisch-sowjetischen Narrativ, das auch im westlichen Ausland weitgehend übernommen wurde. Es beginnt mit dem mittelalterlichen

Abb. 1: Die im Russländischen Reich als Neurussland (Novorossija) bezeichnete Großregion nördlich des Schwarzen Meeres

der Ukrainer von Russland im Jahr 1991 soll durch die „militärische Spezialoperation" rückgängig gemacht werden. Die Formel der „freiwilligen Wiedervereinigung" legitimiert jede Aggression und bedarf keiner weiteren Begründung.

Was haben die Ukrainer diesem Narrativ entgegenzusetzen?

Ihr bedeutendster Historiker Mychajlo Hruševs'kyj widersprach dem russischen Narrativ, indem er die Kyiver Rus' und ihr Erbe ganz für die Ukraine beanspruchte. Der von Russland postulierten Kontinuität der Staatlichkeit setzte er die Kontinuität von Territorium und Volk entgegen. Für die ukrainische Nationsbildung und das ukrainische Nationalbewusstsein ist von zentraler Bedeutung, dass die Geschichte der Ukraine je nach Region über drei bzw. viereinhalb Jahrhunderte, die der Westukraine sogar über sechs Jahrhunderte getrennt von der Geschichte Russlands verlief. In dieser Zeit formierten sich die ethnischen Gruppen der Ukrainer und Großrussen.

Fast die gesamte damals besiedelte Ukraine gehörte vom 14. bis zur Mitte des 17. Jahrhunderts zum Königreich Polen-Litauen und stand unter dem Einfluss Mittel- und Westeuropas,

Großreich der Rus', das sein Zentrum in Kyiv hatte. Als die Mongolen die Rus' im 13. Jahrhundert eroberten, verschob sich die russische Staatlichkeit nach Nordosten, in das Großfürstentum Moskau, dessen Erbe das Russländische Reich, die Sowjetunion und schließlich die heutige Russländische Föderation antraten.

Die westliche Rus' kam im 14. Jahrhundert unter die Herrschaft des Großfürstentums Litauen bzw. des Königreichs Polen. Die dortigen „Russen", so das Narrativ, sehnten sich seither nach „Wiedervereinigung" mit den übrigen Russen. Diese erreichten sie in drei Etappen, in der Mitte des 17. Jahrhunderts, am Ende des 18. Jahrhunderts und schließlich im Zweiten Weltkrieg, als die Westukraine von der Sowjetunion annektiert wurde. Die erneute Trennung

Abb. 2: Das Gebiet der heutigen Ukraine im 16. und 17. Jahrhundert

vom Stadtrecht über Humanismus und Reformation bis zu den Schulen der Jesuiten – alles Einflüsse, die Russland höchstens streifen. Im 17. Jahrhundert gab es eine entwickelte ukrainische Literatursprache, und der Bildungsgrad der Ukrainer war erheblich höher als jener der damaligen Russen. In der Formulierung des ukrainischen Denkers und Politikers Mychajlo Drahomanov (1841–1895):

„Die meisten nationalen Unterschiede zwischen der Ukraine und Moskowien können dadurch erklärt werden, dass die Ukraine bis zum 18. Jahrhundert, d.h. bis zum Beginn der russischen Herrschaft, stark mit Westeuropa verbunden war […] und Anteil am sozialen und kulturellen Fortschritt Europas hatte.“

Für die Ruthenen Galiziens und der Bukowina kam die Erfahrung des österreichischen Verfassungsstaates hinzu. Zwar machten sie nur einen kleinen Teil der Ukrainer aus, doch spielten sie eine überproportionale Rolle in der Nationalbewegung, in der antisowjetischen Opposition und in der Mobilisierung der Zivilgesellschaft in der unabhängigen Ukraine. Die traditionelle Westorientierung der Ukraine, die mit einer Abgrenzung von Russland einhergeht, wird

heute besonders betont. Der Lemberger Historiker Jaroslav Hrytsak, den die Österreichische Akademie der Wissenschaften vor drei Wochen zum korrespondierenden Mitglied im Ausland gewählt hat, erinnert in der *New York Times* vom 19. März 2022 an das Erbe der polnisch-litauischen Adelsrepublik und kommt zu dem zugespitzten Schluss:

„Der wichtigste Unterschied zwischen Ukrainern und Russen sind nicht Sprache, Religion und Kultur, hier sind sie sich relativ nahe, sondern die politischen Traditionen. Vereinfacht gesagt: Eine erfolgreiche demokratische Revolution ist in Russland fast unmöglich, während eine dauerhafte autoritäre Regierung in der Ukraine fast unmöglich ist.“

Während Russland unter Putin zu einem autoritär regierten Staat wurde, schlug die Ukraine im 21. Jahrhundert den Weg in Richtung Demokratie und Zivilgesellschaft ein. Zwar gab es Rückschläge, und bis heute bestehen Defizite in der Rechtsstaatlichkeit und Korruptionsbekämpfung, auch die wirtschaftliche Entwicklung kam nur langsam voran. Dennoch war die Ukraine kein *failed state*, wie Putin und manche westlichen Politiker meinen.

Davon zeugten die korrekten Parlaments- und Präsidentenwahlen und die weitgehende Medienfreiheit. Die unterschiedlichen historischen Traditionen der einzelnen Regionen führten nicht, wie oft prophezeit wurde, zu einer Spaltung des Landes, sondern die ukrainische Willensnation wurde zusehends gestärkt. Allen Umfragen zufolge bekannte die überwiegende Mehrheit auch der russischsprachigen Bevölkerung ihre Loyalität zum ukrainischen Staat.

Wichtige Etappen auf dem Weg nach Westen waren die Orange Revolution von 2004 und der Euromajdan (die Revolution der Würde, wie man in der Ukraine sagt) von 2013/14. Sie waren die größten zivilgesellschaftlichen Massenbewegungen in Europa seit der Revolution von 1989/90. Sie erreichten ihre wichtigsten Ziele, die Annullierung der gefälschten Präsidentenwahlen von 2004 und im Jahr 2014 den Sturz des von Russland unterstützten kleptokratischen Präsidenten Janukovyč sowie die Unterzeichnung des Assoziierungsabkommens mit der Europäischen Union.

Diese Ereignisse alarmierten den russischen Präsidenten, der seine Machtstellung in Gefahr sah. Der Sturz des ukrainischen Präsidenten war ein Menetekel für Putin. Er behauptete, dass der Euromajdan von den USA orchestriert worden sei, und drohte in seiner Rede von 2014, dass der Westen in der Ukraine die rote Linie überschritten habe, was Russland zum Handeln zwinge. Man nahm Putin damals nicht ernst genug.

Eine erfolgreiche demokratische Ukraine konnte als Modell für Russland dienen, der Euromajdan als Vorbild für die russische Opposition, die in den Jahren 2011 und 2012 mit Massendemonstrationen hervorgetreten war. Dies musste mit allen Mitteln verhindert werden und gab den Ausschlag für das bewaffnete Eingreifen Russlands auf der Krim und im Donbass.

Der achtjährige Krieg Russlands gegen die Ukraine, der bis 2021 etwa 14.000 Tote forderte, führte aber nicht, wie von Putin erwartet, zu einer Spaltung der Ukraine, sondern stärkte den Zusammenhalt der politischen Nation und gleichzeitig die ukrainische Armee. Beides zeigte sich im geschlossenen, bewundernswerten Widerstand der Ukrainerinnen und Ukrainer gegen die zahlenmäßig überlegene russische Armee.

Letzter Punkt: Welche Rolle spielte der Westen in diesem Prozess? Welche Versäumnisse sind *uns* anzulasten?

Die Ukraine, der nach Russland zweitgrößte Flächenstaat Europas, war bis vor kurzem ein weißer Fleck auf der mentalen Landkarte der Mittel- und Westeuropäer.

Das war nicht immer so. Im 17. und 18. Jahrhundert war die Ukraine im übrigen Europa gut bekannt. Zeitungen berichteten regelmäßig über die Feldzüge der Kosaken, Landesbeschreibungen hoben die Fruchtbarkeit der Kornkammer Ukraine und die Freiheitsliebe der Ukrainer hervor. „Die Ukraine hat immer nach ihrer Freiheit getrachtet", schrieb Voltaire in seiner Geschichte Karls XII. von Schweden.

Erst in der Mitte des 19. Jahrhunderts legte sich der Schatten Russlands auf die Ukraine, und sie verschwand zusehends aus dem Horizont des Westens. Fortan galten die Ukrainer als Anhängsel der Russen. Auch nach 1991 nahm man im Westen die ukrainische Nation und den ukrainischen Staat nicht für voll. Dies war ein erstes Versäumnis.

Hand aufs Herz: Was wussten Sie vor zehn Jahren von der Ukraine, ihrer Geschichte und Kultur?

Die Tatsache, dass man die Ukraine lange nicht als eigenständiges Subjekt wahrnahm, war mitverantwortlich dafür, dass man ihr die kalte Schulter zeigte, als sie seit 2004 um eine Beitrittsperspektive für EU und NATO nachsuchte. Dies war ein zweites Versäumnis.

Die verbreitete Ansicht, dass die Ukraine eigentlich ein Teil Russlands sei, trug dazu bei, dass man auf die völkerrechtswidrige Annexion der Krim und auf das militärische Eingreifen Russlands im Donbass nicht energisch genug reagierte. Dass damit zum ersten Mal seit dem Zweiten Weltkrieg ein europäischer Staat die Grenzen eines souveränen Nachbarstaates, die er mehrfach garantiert hatte, verletzte und sich einen Teil dieses Staates einverleibte, wurde zwar verurteilt, doch blieben die Sanktionen halbherzig. Bald ging man zum *business as usual* über, als wäre nichts geschehen.

Ein unrühmliches Beispiel dafür war der offizielle Besuch Putins in Wien, wo ihn die politische und wirtschaftliche Spitze Österreichs am 24. Juni 2014 herzlich empfing. Österreich war das erste EU-Land, dem der russische Präsident nach der nur drei Monate zurückliegenden Annexion der Krim einen Besuch abstattete.

Die lauen Reaktionen des Westens waren meines Erachtens ein dritter und besonders schwerer Fehler, der Putin darin bestärkte, dass er bei künftigen Aggressionen nicht mit einer massiven Unterstützung der Ukraine durch den Westen rechnen müsste. Erst der Angriffskrieg Russlands hat die Welt aufgeschreckt. Jetzt ist die Ukraine in aller Munde, aber es ist eine blutende, um ihre Existenz kämpfende Ukraine.

Die Ukraine war während der ersten Hälfte des 20. Jahrhunderts das am heftigsten von brutaler Gewalt heimgesuchte Land Europas, das Zentrum der *bloodlands*, so Timothy Snyder. Im Ersten Weltkrieg, dem Bürgerkrieg, der Hungerkatastrophe von 1932/33, im Terror Stalins und im Zweiten Weltkrieg starben mindestens 14 Millionen Ukrainerinnen und Ukrainer unterschiedlicher ethnischer Herkunft eines gewaltsamen Todes. 77 Jahre nach dem Ende des Zweiten Weltkriegs ist die Ukraine erneut zum *bloodland* geworden.

Zum Schluss ein Wort in eigener Sache:

Ich habe mich seit vier Jahrzehnten mit der Ukraine (und noch länger mit Russland) und ihrer Geschichte beschäftigt. Ich hätte aber noch vor zehn Jahren einen russisch-ukrainischen Krieg für höchst unwahrscheinlich, ja für unmöglich gehalten. Die Annexion der Krim, der von Russland an-

gezettelte Krieg im Donbass und die seit 2014 offen verkündeten weiteren Expansionsziele straften mich Lügen. Dennoch erwartete ich bis zum vorigen Jahr nur eine Fortführung der regional begrenzten militärischen Auseinandersetzung in der Ostukraine. Ein großer Krieg und gar ein brutaler Vernichtungskrieg waren außerhalb meiner Vorstellungskraft.

Zu groß waren meine Gutgläubigkeit, mein Vertrauen auf die Tradition der Brudervölker, der Glaube an die Widerstandskraft und Friedensliebe der russischen Gesellschaft, der Glaube an die menschliche Vernunft. Kurz, der Historiker bekennt, dass er aus der Geschichte wenig gelernt hat. Er kann zwar historische Hintergründe beleuchten, er kann aber nicht erklären, weshalb Russland den brutalen Angriffskrieg gegen die Ukraine führt.

Umso weniger kann er voraussagen, wie es weitergeht. Ich enthalte mich deshalb jeder Prognose.

ANDREAS KAPPELER

Derzeitige Position

– emeritierter Professor für Osteuropäische Geschichte an der Universität Wien

Arbeitsschwerpunkte

– Geschichte des Russländischen Reiches und der Ukraine

Werdegang

Seit 2001	wirkliches Mitglied der ÖAW
Ab 1999	korrespondierendes Mitglied der ÖAW
1998–2011	o. Univ.-Prof. an der Universität Wien
1982–1998	o. Univ.-Prof. an der Universität zu Köln
1979–1982	Priv.-Doz. an der Universität Zürich

Ausbildung

1979	Habilitation für das Fach Osteuropäische Geschichte
1969	Promotion in den Fächern Allgemeine Geschichte, Slawistik und Publizistik
1962–1969	Studium an den Universitäten Zürich und Wien

Wichtigste Publikationen

Vom Land der Kosaken zum Land der Bauern. Die Ukraine im Horizont des Westens vom 16. bis 19. Jahrhundert. 2020.

Ungleiche Brüder. Russen und Ukrainer vom Mittelalter bis zur Gegenwart. 2017, 2. Aufl. 2022, auch in ukrain. Übersetzung.

Die Tschuwaschen. Ein Volk im Schatten der Geschichte. 2016, auch in russ. Übersetzung.

Russland und die Ukraine. Verflochtene Biographien und Geschichten. 2012.

Kleine Geschichte der Ukraine. 1994, 6. Aufl. 2022, auch in franz., ukrain. und dän. Übersetzung.

Russland als Vielvölkerreich. Entstehung, Geschichte, Zerfall. 1992, 4. Aufl. 1998, auch in franz., russ., engl., ukrain. und italien. Übersetzung.